집으로 향하는 동안에

집으로 향하는 동안에

초판 1쇄 인쇄일 | 2025년 11월 15일
초판 1쇄 발행일 | 2025년 11월 20일

지은이 | 김광준
펴낸이 | 맹경화
펴낸곳 | 도서출판 푸른산
디자인 | 단청
등록번호 | 제 301-2013-107호
주소 | 서울시 중구 을지로18길 25-2 302호
TEL | 02-2275-3479
FAX | 02-2275-3480
E-mail | csmac69@hanmail.net

값 10,000원

ISBN 979-11-994725-5-6 03810

이 책자는 저작권법에 의해 보호를 받는 저작물로
저자와 출판사의 허락 없이 내용의 일부를 인용하거나
발췌하는 것을 금합니다.

• 책 가격은 뒤 표지에 표시되어 있습니다.
• 지은이와 협의에 의해 인지는 생략합니다.
• 잘못된 책은 교환해 드립니다.

푸른산시선집 238

집으로 향하는 동안에

해모수 김광준

푸른산

낙엽 떨어지는 늦가을
산다는 것이 낙엽 같아서
동면의 시간 겨울
사람은
동면의 시간이 없나요

흘러가는 것도
인생이고 사랑인데...

차 례

**제1부
신성한 기운**
—

서울의 아침 • 13

신성한 기운 • 14

하늘의 소원 • 15

가을 하늘 • 16

지구상의 가장 큰 문제 • 18

리더 • 20

몽화 • 22

사랑한다면 • 24

인생은 • 26

노란 아기 병아리 • 28

사는게 뭔가 • 30

가을 늦은 시기 • 32

한가한 일요일 아침 • 34

평화 • 36

소 • 38

제2부
우주의 법칙
—

우주의 법칙 • 43

인생은 아름다워라 • 44

하늘은 푸른하늘 • 46

진리가 무엇인가 • 48

눈싸움 • 50

이쁜이 사랑이 • 54

예술의 꽃 • 56

노랑나비 세 마리 • 58

소나무 한 그루 • 60

인류의 길 • 62

하품하고 있나요 • 64

하루살이 • 66

제3부
낙엽의 향연

—

소녀 • 70

낙엽의 향연 • 72

춤 • 74

골프장 • 76

유토피아 • 80

그 꽃에 키스를 • 82

우주의 법칙 • 83

한마리 생명체 • 84

마도로스의 사랑 • 86

바다의 꿈 • 88

사창가의 낭만 • 90

**제4부
집으로 향하는데**

—

느낌 feel • 94

인간의 원죄 • 96

집으로 향하는데 • 98

산다는 것은 평화더라 • 100

이쁜이 사랑이 • 102

4차원 세계 • 104

바람 • 106

아버지의 가을 가을 • 108

신밧드의 모험 • 110

무제 • 112

청바지 • 114

해피 • 116

흰갈매기들 • 118

그 무엇의 생명체 • 120

지구별의 온갖 생명체들 • 122

행복한 시간 • 124

제1부

신성한 기운

서울의 아침

바람의 요정
돌고래떼의 장엄한 멋있고
아름다운 소리의 합창

헤엄치는 노래의 그리움
새벽 동 터올 때
붉은 바다 끝의 노을

한반도가 새가 되어
높게 높게 날아 간다

우주속의 서울의 아침
그 신비함을
페루의 잉카문명 마야문명 보다도
더한 서울의 아침

고조선 이전의 한반도인들은
어떤 인간?
한반도 진짜 종족 아니었을까

신성한 기운

이별의 슬픔
태초에는
신성한 기운
세상이 처음 생겨난 시간
신성한 기운이 감돌아서
세상은 만들어지고

천둥 번개치고 밤낮없이
억수 같은 비가 내려
바다를 이루고
하늘도 만들어지고
천지창조가 이루어졌다

별무리가 만들어지고
우주공간도 생기고
끝없는 세계가 이루어진다
무엇이 살고 있는 지는 몰라도
끝없는 세계니깐 아무도 모를 것이다

하늘의 소원

아아아! 가을이며
노래를 하거라
춤추는 나무의 사랑

세상이 소나무의 꽃이라면
나무의 요정이 말을 건넨다
사랑하냐고

인생은 웃음 속에 퍼지는
잔잔한 세월

하늘의 소원은
해피의 행복
나 바라기인 해피
무엇을 원하나요
아무 것도 아무 것도
건강 이외에는

가을 하늘

가을 하늘에서 비가 내린다
하나의 마음속에 사랑이 깃들고
영원히 사랑한다면
진실된 그 무엇보다도
더한 섭리가 되겠다

하늘의 소리가 들려요
사랑 한 번 하자는데
하늘의 별 따기보다 더 어렵네

꽃의 잔치는 끝났고
꽃다운 사랑이 축제를 여네
어여쁜 꽃 한 송이
길가에 피었는데
나의 사랑도 길가에 피우려나

외로움의 친구는
캔맥주
또 외로우면
하늘에서 비 내리고

낙엽 떨어지는 늦가을
산다는 것이 낙엽 같아서
동면의 시간 겨울
사람은 동면의 시간이 없나요
크리스마스 철 때문에

흘러가는 것도
인생이고 사랑이고
바람 부는 것은
세월의 흐느낌인가요

지구상의 가장 큰 문제

우주만물 평등한데
끝없는 세계
무엇들이 살고 있을까요
가을에 떠난 님은 아시나요
우주 공간에도 낙엽 떨어지는 가을이 있나요
산새들도 반기고
신성한 생명체가 무한한 공간 속에서
살아 숨쉬는데
떠나온 자는 슬픔에 잠겼고
같은 종족의 비애도 잊은채
억겁에 세월이 흘렀구나

사람이 사람을 사랑한다는 게
그렇게 어려운 일인가요
전쟁 싸움만 일삼고
사랑의 씨앗을 사람속에 심어줘야
그때서야 사랑할 건가요

인생 속에 낙이 있다면
먹는 것도 낙이겠지만

입장 바꿔서 생각해 봅시다
소 돼지 닭 오리
사람이 그렇다면 무슨 심정 일까요.
부처도 예수도 알라신도 깨우쳤겠지만
지구상의 가장 큰 문제는 먹는 문제일 겁니다

리더

우리의 소원은
사람들이 행복해 지는 것
영혼의 순수함이
그대를 닮았고
천상의 꽃은
평화롭다는 것

세상이 평화로움은
꽃은 아름답고 예쁘죠

산새들 넘어 넘어 오는데
철새들의 긴 여행
리더가 있을텐데

세상의 리더는 있을까
있으면 누굴까
누구나 세상의 주인공이듯이
누구나 리더가 아닐까

끝없는 세계 무한한 세상

수많은 외계 생명체들
선과 악이 있다면
반드시 선이 영원히 존재할 듯

몽화

꿈속에 피는 꽃
몽화의 달콤함
천국 극락세계
깨어나니 꽃밭이네

인생의 달콤함은
사랑이 맞는데
그 사랑이 위대하다면
우리는 가을 푸른 하늘에서
느끼고 감사하고 고맙다는
세상의 진실이죠

세상의 흐름 속에서
꿈 속에 보았던
꽃다운 女의 사랑
우주의 먼 고향으로 갈 때
만날 것이라네

나의 고향은 엄마 자궁
다시는 갈 수 없는 곳

그러나
영혼의 사랑은 갈 수 있다죠
엄마 엄마 우리 엄마

사랑한다면

세상이 무엇인가요
누구나가 다 같이
어울려서 사는 게 세상이죠
평화롭게요

하나의 낙엽이 사랑이라면
행복은 무엇인가요
일은 고통이고 힘들고 그렇지만
살맛 나는 것이죠

님은 누구에나 다 있어요
바야흐로 세상이 돌아간다면
또는 흐른다면
그 속에서 만나겠죠

슬퍼하거나 괴로워하지 마세요
현명하게 긍정적 낙천적으로 사세요
슬픔도 필요하지만
그 속에서만 살 수는 없어요

행복을 찾아서 아니면 내면에 있죠
저마다 짝이 있어요
기다려 보세요
운명같이 자연스럽게 찾아올 테니깐

인생은

인생은
저마다 다 각자 길이 있는 것
그 길을 따라가면 되는 것

참되고 진실된 길도 있고
거짓과 허구로 가득한 길도 있다
무수히 많은 길이 있지만
마음에 영혼의 길로 가면 된다

별따라 가는 것도 인생이지만
흘러가는 강물이 바다로 가고
바람은 고향으로
산새를 지저귀고 노을은 진다

흘러가는 청춘은 잡을 수는 없지만
추억의 바람은 언제나 느끼는 것

사랑은 보고 싶은 것
언제나 어디서나 별빛 아래
사랑이 펴져 있다면

세월은 간다 해도 머지 않아
지상낙원이 현실 속에서
펼쳐지며 가을 하늘 가을사랑

노란 아기 병아리

달밤에 떨어지는 낙엽
까만 밤이 감싸안고
조용한 새벽을 기다립니다

환한 빛이 세상을 비추기 시작하는 군요
상념도 떠돌다가 나가버리고
인생의 비밀을 알 때
비로서 어른이 되는 것 같군요

눈 내리는 하얀 겨울이
머지 않았군요
꿈 속에 보았던 아기 병아리가
노란 꿈을 꾸네요
세상이 왜 이러냐고요

하늘에게 푸른하늘 은하수
두 쪽으로 갈라지는 한이 있어도
노란 병아리를 구해 준다고

인류의 서글픈 사랑이

온 세상의 끝없는 세계에 퍼지면
바람처럼 찾아온 사랑은
가을에 뜨는 하얀 초승달이
인생을 말해주면
그제서야 비로서
인류는 알까요

사는게 뭔가

사는게 뭔가
평화롭게 자유롭게 사랑하면서
캔 맥주 한개 하면은
좋고 좋은 연인과 사랑 나누면서
살면 그 해답이 될까
그렇다고 사는게 그리 간단하지 않는 것
끝없는 세계인 것
별의 별 것이 다 있고 또 생명체도 다 있는 것
지구별만 보더라도
별의 별 생명체 다 있는 것
그렇다면 어떻게 살아야 하나
평화인 것
해답은 평화이고
평화롭게 살면 그 안에 다 있는 것
집에 똥강아지 한 마리라도 있으면
그런대로 살만한 것
그래도 사랑하는 이 있어야 한다는 것
혼자서는 영원히 살 수 없다는 것

캄캄한 시골 밤에
난 무엇을 생각하며 무엇을 어떻게
받아들여야 해야 하는가.

가을 늦은 시기

어느 날 내게 찾아올 님이
아름다운 천사 모습으로
나를 반긴다면
날개를 보았죠
아름다운 천사의 날개죠

가을 늦은 시기 아주 좋은 시간이다
밝은 태양은 따듯하게 비추고
선선한 바람이 불고

바람이 차갑다
사람이 무엇일까
바람부는 세상인가

하얀 안개가 마을을
휘감았다
신비롭게
아무것도 안 보인다
사랑이 보인다

하나에 다 있다면
평화가 하나인가요
자유 사랑 건강 행복 다 인가요

한가한 일요일 아침

세월은 나를 찾아 사랑이 오듯이
억겁의 시간과 끝없는 세계
영원히 산다는게 가능할까요

한가한 일요일 아침
참새들은 소나무에서 조잘조잘
가을에 아침은 참 좋은 시간
태양의 사랑이 만물을 비추면
또한 이것도 아름다운 것이죠

또다시 신이 나타난다면
인간은 신을 믿어야 하나요
하늘에 맺힌 한은 영혼의 아픔의
흔적이고 느낌 느낌 느낄 느낌

사랑이 무엇이라 생각하나요
예뻐해주면 그게 사랑인가요
우주적인 사랑도 있을텐데
우주는 공간속에 수없이 많아요.
사랑도 수 없는 형태인가요

캄캄한 속에 환희 비추는
그 무엇의 존재가 있다면

평화

노을이
붉게 퍼지는데
평화롭게
평화로운 나라 한반도
언제나
같은 종족인데 왜 싸울까요
사람의 이기인가요.
권력도 가지고 있어야 할 사람이
가지고 있어야 평화로운 거죠

약소국의 한인가요
강대국 사이에 끼워서요
인류는 왜 평화롭지 않은가요
이것도 다 이기인가요
끝없이 일어난 한반도 전쟁들
아름다운 강산에 살면서
그렇다면 우리도 힘을 키워야 하나요
평화는 그런게 아닌데요
지도자가 무엇인가요
평화를 사랑해야 하지 않나요

세상은 말이에요 그리 간단한게 아니에요.
크게 봅시다
부처 예수 이슬람교 힌두교
존재의 이유가 뭘까요

소

세상은 넓고 넓고
한도 없이 크고 크고
세계는 끝없는 공간
인간만 존재하나
지구별 약육강식 먹이 사슬
돌연변이 별
소가 사랑으로 키워졌는데
잡혀 갈 때 눈물 흘리고
차라리 사람들이 가엾구나

바람의 사랑은 어디서 오는가
바람의 고향은 마음인 것
구름처럼 달처럼 이슬처럼
언제나 존재하면 사랑은
물처럼 흐르고
바다의 흰 갈매기를 끼륵 끼륵
날 때 평화가 난다

행복하면 그것이 다냐
남의 불행은

무슨 눈으로 볼까
자기 자신이 중요하다지만
남을 통해 자신의 행복도 있다

모두 모두 똑같은 것

제2부

우주의 법칙

우주의 법칙

세상은 우주의 법칙에 의해서
움직이고 흐르고 있다는 것
사랑이라는 것
가을 밤공기 시원하다
생로병사 누가 말했는지 몰라도 틀린 것
청춘이 있다는 것
그리고 운동하고 건강에 힘쓰면
병도 안생긴다는 것
자연스럽게 고통없이 아픔없이 자연사 한다는 것

인간의 천적은 세균인데
서로 사랑하고 공생하자는 것
사람은 세균한테 절대로 안 된다는 것
또 말하지만
서로 사랑하고 연구 실험 테스트 같은 것
하지 말라는 것
그러면 인간도 암같은 병에서 부터
자유로워 진다는 것
이것이 세균의 뜻이고 자연의 뜻인 것.

인생은 아름다워라

구름처럼 흘러가는 세월이라
인생의 흐름은 사랑이고
세상의 사랑은 영혼인 것

바람은 나그네의 길인 것
가는대로 가자면 그렇게 하라는 것

순례지의 육체의 길은 영혼의 길인 것
무념무상 무아지경
한 번 쯤 해보라는 것
7시간 이상 계속 걸어보라는 것

자유스럽다는 것은
육체가 자유로운 게 아니라
영혼이 자유롭다는 것

세월이라
어느덧 흘렀구나
아직 청춘인 것
하늘의 생명체가 날아 다니면

인간은 덧 없고 늙어 가는 것이죠

늙어오다 늙어도 나름대로 낙이 있고
살만한 것이죠
생로병사가 아니라는 것
운동만 열심히 해도 병 안 생긴다는 것
소식하고 명상하고 산책하면
병 없이 자연사 할 수 있다는 것

인생은 아름다워라

하늘은 푸른하늘

하늘은 푸른하늘
캄캄한 밤
먼 우주로부터 메시지
신의 메시지
"평화롭게 살아라
지구별 생명들이여"

우주의 법칙이며
세상 세계의 진리이다

사랑하는 이 생기면
참 행복한 거죠
행복이 별건가요
함박눈 내리는 겨울이
얼마 남지 않았네요

지구 온난화 아열대 기후로
바뀐 한반도
그래도 겨울은 남아 있죠

가을도 조금 있고
'마지막 잎새' 인가요
희망은 남았나요
인류의 길은 자연과 함께 하는 것
AI 로봇 그런게 문제가 아니라
순수한 자연과 길을 같이
가는 것

어둠이 점점 빨라지네요

지금 현재 인류의 길은
천길 낭떠러지 깊고 깊은
늪으로 향하는 모양

진리가 무엇인가

산새들의 노랫소리가
나뭇가지 사이로 들리고
기분 좋은 소리 자연의 소리

세상은 인간들만 사는게 아니라

우주의 끝없는 세계의
진리가 뭔가
평화 아닌가

나이 들어 깨우친다는 것이
사람은
자연속에서 살고 싶다는 것

나무의 사랑 뜻을 아는 가요
저 멀리 우주에도 나무같은
나무는 과연 무엇인가
신의 선물 아닌가
나무의 요정이 비바람 견디고 폭풍우 버티고

산다는게 인간으로서는
참 힘들고 어려운 것
숲 속의 푸른 기운 마시며
건강하게

아프고 힘들 때
곁에 있어 주는 것은
우리집 똥강아지 해피인 것
나무보다 더
사랑하고 사랑하고 사랑하고

모든 생명체들이 다 존재한다
사랑으로

눈싸움

세상은 바람으로 왔다가
바람으로 가는 것
구름처럼 왔다가 구름처럼 가는 것

삶이여 아무리 속여도
해피는 못 속이는 것

가을에 떠난 사랑
흰 눈이 내리는 날에 오는 것

세상은 말이에요
흰 눈처럼 내리다가
영원히 내리고
눈싸움 하는 것

눈사람 만들기도 하고
썰매도 타는 것
그것이 세상인 것
인간으로 태어나서
우여곡절 다 겪었는데

다 경험이고 지금은
다 평화로운

산새 무리

언제나 찾아 오는 사람은
태양이 빛나는 한
물결처럼 반짝이죠

영원하다는 것은
그 무엇의 존재의 뜻입니다
하늘도 신도 이해 못할
그 무엇

어느 틈인가 찬바람이 불고
겨울 열차행을 탔어요
함박눈은 또 내릴까요
하얀 세상
빛이 반짝인다
산새 무리들 멋있게 날고

하물며 평화의 존재
그 무엇의 뜻
사랑 자유
누구나 할 수 있는 것이죠

그러나 어렵죠
그래도 해야 그렇게 되야 돼죠
살아가는 이유가
평화고 자유이고 사랑이라면

이쁜이 사랑이

사랑이 찾아 왔어요
어떡해 해야 할지 모르겠어요
사랑 한 번 못해 봤으니깐요
본능적으로 자연스럽게 하면 됩니까

이쁜이 사랑이
같이 한다면 참 행복할텐데
우주의 법칙이 사랑이라면
우리는 사랑해야 할 것 아닙니까

솔로 자유로워요 편해요
그러나 님이 있으면
더 자유롭고 더 편해진다는 것
세상의 섭리인 것

세계는 끝이 없어요
무한한 세상이죠
창조자가 알까요
그중에서 만난 님이라면
중요하고 소중한 인연 운명이죠

세월이 흐르면 알게 되겠지만
지금 현재가 그 무엇보다도
떠날 수 없는 나의 운명
그래도 언젠가는 떠나야겠다

예술의 꽃

음악은 훌륭하고 아름답다
그러나 예술의 꽃은 시이다

바닷가 갈매기들
낭만 아닙니까

인생은 낭만이에요
그리고 삶은 인생의 그리움이고요

우주가 문제입니까
당장 푸른 별 지구가 병들었는데
쓰레기로

당신은 믿습니까
신을 하늘을

"신은 죽었다"라는 철학자도 있지만
그것은 그럴듯한 말이고요
신은 신입니다

욕심 버립시다
그리고 어떠한 형태의 싸움도
하지 말고요
평화롭게 평화롭게

노랑나비 세 마리

바람 그 바람
영혼의 바람
그 바람
마음 속에서 작은 소용돌이가 불교
사랑이라는 바람이죠

인간사회 아름다운가요
꽃과 나비가 있어서 아름다운가요
자연속에서 있어서 아름다운가요
바람에 나는 노랑나비 세 마리
사람보다 못한게 뭐 있나요
더 예쁘고 아름답죠
그것이 자연이라는 것이죠

선하고 착한 사람들도 많지만
금전 앞에서는 문제가 생기죠
돈 안 좋아하는 사람 어디 있나요
그래서
의·식·주만 해결된다면
더 이상 욕심 낼 것 없죠

떠 가는 하늘 구름 본 적이 있겠죠
다 초월한 모습이군요
푸른 하늘 흰구름 평화롭구나

가을 하늘에 꽃이 피었구나

소나무 한 그루

온 가족이 모여
식사한 때가 언제인가
일인 가족시대
그것이 세상과 세계의
편하고 자유롭겠지만
너무 외롭죠

적어도 자식은 없어도
부부가 함께 해야 한다는 것이죠
사람은 말입니다

앞마당에 있는 소나무 한 그루
조그만 했었는데 지금은 크게 자랐군요
처음에는 정신의 사랑이 작지만
나중에는 영혼의 사랑으로 변하는 겁니다

흘러가는 세월속에 나부끼는 덧없음도
세상의 사랑으로 보듬으면
아름다운 세계도 되고 하여 세상도 되겠네요
신기한 세계 신비한 세상

그 속에서 우리는 살고 있네

허리케인 태풍 큰 바람
태풍전야 고요하다
춤추고 노래하고 술 먹고
내일은 태풍이 오는데도
사람은 모른다네

자연과 사람 조화롭게
산다면
뜻이겠다

인류의 길

삶에 삶은
평화로운 삶이다
조화로운 세상
끝이 없는 세계
태초 이전부터 존재해 있던 생명체들
아무 것도 없었다
자연발생학적으로 별들이 만들어지고
공간도 생기고 우주도 생기고
수많은 생명체들이 탄생하고
살아 왔던 것이다

세계 세상 공간 우주 평화로운데
지구별 푸른별만 약육강식이고 먹이사슬이고
인류는 왜 계속 전쟁 싸움이더냐
아마도 돌연변이 별이겠다
지구별의 미래가 안타깝다

그런데 물이 있고 태양이 빛나는 한
지구별의 생명체들이 살고 지고 하겠지만
과연 인류는 어떻게 될까

인류의 길이 우주에 있다면
화성이고 목성이고 가서 살수는 있지만
인류는 지구별을 떠나서는 안된다

지구별의 문제들을 하나 하나씩 현명하게 지혜롭게
풀어나가는 것이 대자연의 뜻이다

하품하고 있나요

별따라 간다는 것이
유수와 같은데
세월의 흐름이더라

강물에 맺힌 한은
오천년 역사의 한인데
이제는 그 한을 풀어야 하는 것

한반도의 평화
지구별의 평화
우선 한반도의 평화인데
현실이 참 기가 막히다는 것

하늘은 뭐하고 있나
하품하고 있나요
깊은 뜻 심오한 뜻 있겠다

한강이 흐르고 대동강이 흐르고
결국은 한 줄기 물 아닌가
삼면이 바다인데

해양국가이고 산악지대 나라인 것
이런 나라도 드물다
아름다운 자연 아닌가요
피비린내 나는 전쟁으로 물들일 수는 없도다

잘 하자 잘 하자 잘 하자 싸우지 말고

하루살이

세월의 흐름은 공간의 흐름인 것
공간은 우주를 포함해서
수 없이 많은 우주
공간은 세상인 것
세상은 공간이라는 것
별들이 무수히 많고
또 다른 그 무엇들이 있다는 것이죠
사람은 그 속에서 사는데
공간은 평화로운 것
인간은 왜 싸울까
평화로운 공간 속에서
인간은 만물의 영장
한 마디로 웃긴다는 것
겸허하고 겸손해야 인간은
앞으로 미래의 희망이 엿보인다는 것
사람은 하루살이와 같은 것
다 똑같은 것
날벌레 손바닥으로 쳐서 죽이면은
인간도 날 벌레인 것
그러니 너무 인생 삶에 대해서

심각하게 중요하게 생각하지 말라는 것
대자연의 순리에 맞춰 살면 된다는 것

제3부

낙엽의 향연

소녀

인생은 외로운 거죠
이슬에 젖은 풀잎 같은 거죠

가을하늘 바람이 불어서
낙엽이 떨어지고

세상 세계 우주 천국 말고
다른 곳이 있나
상상해 보세요
초자연적인 것이 있나요
생명체가 있나요
가을밤하늘 보름달이 밝게 뜨면은
늑대가 우나요

바람에 뒹구는 낙엽이
마치 소녀가 웃는 것 같군요

달옆에 있는 하나의 별
어떤 나라 국기 모양 같기도 하고
서로 님 · 짝 같기도 하고

아름다운 밤이군요

서쪽 산으로 태양 지면
그 다음날 동쪽 산에서 태양 뜨죠
대자연의 순리
순리가 어긋나면 큰 일 생기죠

순리에 맞게 살아야 하죠
인간도 자연도 그래요

낙엽의 향연

떠나 버린 세상은
내 곁에 머물지만
피어나는 저 꽃은 나를 부여잡는 구나

바람에 벌써 낙엽이 떨어진다
길가 위에 내 마음속으로

가을을 밟는다
사각 사각

그리움은 가을이네
그러기에 외롭고 쓸쓸하네

가을을 밟는다
사각 사각

가을의 냄새는 마음의 낙엽

영혼을 태울까 낙엽처럼
쓸쓸한 인생 삶

그것도 다 인생 삶이지만
낭만인가요 아니죠
너무 잔인한 거예요

낙엽 하나가 툭 떨어진다

춤

그대의 웃음은
활짝핀 해바라기
그대의 속삭임은
별들의 축제

세월 간다 하여도
세상 변하지 않고
또
내가 존재하니
모든 만물 삼라만상이 다 존재한다

그대가 별이 될 수는 없나요
별이 되면 밤 하늘에서 찾으면 되니깐요

그대가 꽃이 될 수는 없나요
꽃이 되면 그대의 향기 찾으면 되니깐요

밤에 달밤에 춤을 춰야 하나요
그대의 영혼의 손을 잡고 탱고라도 출까요

하늘에 존재하는 생명체와 춤을 추나요
춤
좋죠 한이 어린 춤은 그만 추고요
신나고 재밌는 춤을 출까요

인생은 춤 추면서 살면

골프장

숲속의 요정이
나무타고 놀고
신비로운 기운을 내뿜고
도시를 숲속으로 감싼다면
사람들은 자연속에서 사는 거고
건강에도 좋은 신비로운 기운을 마시며
자연과 함께 사는 도시

빌딩숲만 전부가 아니라
골프장도 공원으로 만들어
지구온난화 이상기온 햇빛도 자외선 더 심해지고
야외에서 하는 운동 골프
사람 몸에 안 좋은 것

여러 사람들이 쉴 수 있는 공원으로 만들면
이것보다 더 좋은 정책은 없을 듯
햇빛이 얼마나 무서운 줄 모르고 하는 운동
나중에는 운동이 아니라 저주가 될듯
골프장들은 다 공원으로 만들자는 것입니다

일광욕도 필요하지만 그 넓은 땅을
서민들이 과연 골프를 칠 수 있을까요

공원으로 만들면 된다는 것

신비한 물질

아침 태양 비추는데
참 아름답구나
지구별을 밝혀 주는
촛불 같은 것

겨울에 아침이 밝아오는데
산뜻한 느낌의 공기

하늘에 맞닿은 공간의 텅텅 빈
별이 지고 피고 한송이의 꽃이더냐

아! 가을이여 영원하라

그래도 하얀 겨울은 오겠지
사랑으로 담아도 모자랄 마음
그리고 우리들의 세계는
끝이 없지만 궁극적으로 살고 지면
언젠가는 끝에 다다를 것 아무리
끝이 없다 하여도

텅텅 빈 공간에 신비한 물질이
퍼져 나가고
세상을 감싸고 흐르고
모든 생명체들이 살아 가는데
그 신비한 물질이 도와 줄 것이라네

유토피아

은하수 건너서
푸른 세상이 있는데
유토피아 세계인 것
U.F.O 모선 타고
갈 수도 있고
공간 이동해서 갈 수도 있구나

천국 극락세계가 별거더냐
평화속에서 자유롭게 사랑하면서
다 용서하고 그러면 그것이
천국이고 극락세계지

돈, 문제려나
유토피아에서 무슨 돈이 필요하겠는가

사랑이라는 것
남녀 사랑
男女 곁에 있으면 좋은 것

하늘에서 한 줄기 빛이 비추는데

무엇을 따라 갈까
무지개빛 인생 삶이로다

그 꽃에 키스를

꽃처럼 날개를 달아
공중을 님과 함께 날고
가을 하늘 낙엽이
바람에 공중으로 떠오르는데

하늘가에 아름다운 그 무엇이
있다 하여도
님보다는 못하겠지
별이 빛나도 달이 훤희 비춰도
인생 지든 때에 찌들어도
어떻게 생각하고 마음 먹느냐에
달라지는 거죠

그 꽃에 키스를 해도
꽃이 거부하면
난 철부지 없는 것

낙엽같은 인생이 뚝뚝 떨어져도
살만한 게 사랑이라면

기꺼이 난 사랑을 온 힘을 다해
사랑하겠노라고 말하고 싶은 것

한마리 생명체

나비 한쌍
봄은 멀었지만
겨울은 다가오는데
흰눈 내리면
축복이고 동심인 것
누구나 동심은 있었던 것
세상이 어지러워서
동심을 잃고 살고 있다는 것

동심처럼만 살아도
세상은 동심이고 아름다운 것
섹스하고는 차원이 다른 것
그래도 성인이니깐

한마디 없는 생명체가
신성스러운 물질을 내뿜는다면
세상 세계는 신기하고 신비하고
신성하게 된다는 것

인간은 복잡한 생명체인 듯

그래서 인생 살기가 참 어렵다는 것
그래서 착하게 선하게 살면
사는데 있어
힘들고 어려운 것은 없고

희망과 꿈을 갖고
살고자 하는 의욕만 있으면
한 세상 잘 살다가
자연으로 다시 돌아갈 수 있어요.

마도로스의 사랑

흘러가는 것이 강물이고
사랑이라면
넓은 바다로 향하는 사랑인가요

빗물 방울에 맺힌 풀잎의 아름다움

가을 하늘에 맺힌 사랑이여
은행나무 노랗게 변하기 전에
낙엽 되어 떨어지는 구나

바닷새가 울고 지고 그러면
노을이 진다고요

선창가에서 노래 부르는
여인네는 누구의 님인가요

마도로스의 사랑이
바다라면은
돌고래떼가 춤을 추나요

세상살이가 힘들어도
별 하나가 춤을 춘다면

인생은 바닷가의 흰 갈매기인가요

바다의 꿈

바다의 꿈은
고래의 꿈
일본 사람들 고래 좋아하죠
푸른 바다 헤엄치는
고래의 한은 수평선의
평화인가요

또 바다의 꿈은
참치 연어의 꿈인가요

사람만 사는 지구별이 아니죠
지구의 70%가 물인데
물의 요정

인간의 욕심으로 지구별이
다 망가지고 있다
지구별이 망하면 인류도 망하는 거다

사랑이란 별것 아니에요
위해 주고 아껴 주고 보듬어 주고

곁에 있어 주면 되는 거죠
지구별을 사랑할 수 없나요...

사창가의 낭만

사창가에서의 낭만이
추억이라면
골방에서 하염없이 흘리던 눈물은
무슨 뜻인가요

부산의 추억은
오륙도 돌아오는 통통배
새우깡 집어 먹는 갈매기들

팔자 좋은 갈매기들이군요
사랑해도 못다한 사랑이
첫 사랑이 누군지도 모르고
세월만 흘렀구나

사랑하고픈 마음은 가득해도
사랑이 왜 이렇게 힘든가요
누구의 사랑인가요
창조자의 순정인가요

나무 나무 나무 나무

사랑의 나무
산소도 주고 전부 주는 나무
아마존의 밀림

잘 있나요 벌목 당하지 않고
사람들의 욕심 때문에
우주의 먼 곳에서의
메시지

제4부

집으로 향하는데

느낌 feel

인생은
추풍낙엽 같은 것

가을 바람 불면 낙엽지듯이
인생의 역경을 헤치고
산다는 것이 꼭 어렵고 힘든 것만은 아니고
평화로운 나 자신을 만들면
가을 하늘에 흰구름 두둥실
푸르른 하늘 지구별

언젠가 나는 방황을 많이 했죠
다 경험이지만 지금 평화로워요
살아가면서 질풍노도와 같은 시기도 있고
꽃다운 아름다운 시간도 있죠

한 마디로 바람결에 떠도는 영혼

느낌 feel이 중요하죠
영혼의 느낌
정열의 자유의 영혼의 사랑이 이루어 지고

인생은 재밌게 살아야 하죠
또 다른 의미의 인생도 있겠지만

인간의 원죄

우주
지구별 말고도 세계는 끝이 없죠
무한한 세상
외계 생명체들이 살고 있겠죠

세균이 지구별 생긴 직후에
외계에서 온 외계 생명체라면
사람들의 창조나 자연발생학적으로 생긴
인간의 몸속에서 살고
지구별 수많은 생명체들과 같이 살아 왔다면

사람의 천적은 세균이죠
왜 이렇게 됐을까요
인간의 원죄인가요
사람은 절대로 세균을 못 당할 것 같은데
세균도 수없이 종족이 많겠죠
해결책은 서로 사랑하는 거죠
사람과 세균 사랑하는 거죠

세균의 별이 있어요

외계 생명체라면
분명히 지구로부터 아주 먼 곳에서 온 별이 있겠죠

가을, 좋죠, 건강하면 더 좋죠
세균과 사랑하면은 건강할 수 있어요
부디 화이팅 하세요

집으로 향하는데

집으로 향하는데
그렇게 편안할 수가 없구나
집이 보금자리가 가장 편안한가 보다

인간의 원죄가 무엇인가
길들인다는 것 아니냐
그리고 먹는 문제는 키워서 잡아 먹는 것 아닌가

세상에는 가엾은 사람들도 많지만
더 가여운 자연 생명체들도 있다는 것

아시아의 등불이 한국이라면
언젠가는 지구촌 리더국가가 되지 않을까
태양이 비추는 한 대한민국은 존재할 거고
세상을 널리 이롭게 하라는 홍익인간 정신

바닷가에 놀러가지도 못하는 형편
이렇게 사는 것만으로도 감사하고 고맙게 생각해야죠

강물이 흘러서 바다로 가는데

물 오염이 너무 심하게 되었구나
썩은 물에서 살게 되지 않을까
아직 늦지 않았으니깐
물 마시는게 얼마나 중요한가

지구별에 은총이 내리기를.

산다는 것은 평화더라

고조선 이전의 한반도인들
그 사람들이 진짜 우리 한민족의
뿌리 아니겠는가

고조선은 하늘에서 내려온 천사들이고
고조선이 우리 민족의 시조이다
백의 민족 하얀 옷을 즐겨 입던 민족

사랑하는 마음으로 다 같은 민족이라고 하면 되겠고
착하고 선한 고조선 이전의 사람들
분명히 뿌리가 있고 내려 지금까지도 있을텐데
누가 누구인지 모르게 섞였구나

오천년 역사가 아니라
만 년도 넘는 한반도 역사이니라
중국은 2만 년 됐고

하늘에서의 뜻이
고조선 이전의 사람들을 구원한다면
몽고족 칭기스칸 무법자들

평화롭게 살고 있는데
왠 전쟁인가

우리가 지금 서로 싸울 때인가
나라를 지키고 민족을 지켜야 하지 않겠느냐
복수는 복수를 낳고
다 용서하고 자비롭게 너그럽게 하고
평화를 이루어야 하지 않겠느냐

산다는 것은 평화더라

이쁜이 사랑이

꽃이여 너를 불러도
오지 않는 꽃이여
내가 직접 너한테로 가야겠구나

하얀 코스모스 조화의 뜻인가
바람이 영혼의 갈증을
해결 할 수 있을까

진달래 아카시아 꽃
따 먹던 어린시절
참 맛있었는데
그리운 추억이 되었구나

하나의 결심이 선다면
인생의 고단함도 잊고
한 세상 천년만년 살다가
잊을 수 없는 추억은 추억대로
남겨두고
이쁜이 사랑이 함께
영혼의 그리움 살다가

이젠 잊자 잊자

지구별 주위에 널려 있는
우주 쓰레기들
왜 이렇게 사람들 어리석고 한심한가
잘해보자 잘해보자

4차원 세계

4차원 세계가 있다면
그 세계에서 사는 생명체도 있겠죠
4차원 세계가 무엇일까요
우리가 사는 현실은 3차원 세계
그러면 4차원 세계는
초자연적인 세계인가
우주도 대자연이라고 볼 시에는
우주 이외의 세계도 있다는 것인데
상상으로는 가능한데
어쨌든 우리는 3차원 세계
현실에서 사는 것이죠

현실에서 열심히 최선을 다해서
살면 그것이 낙이죠
바다가 삼면인 아름다운 강산
대한민국 우리나라
평화롭게 한반도 평화
같은 민족이니깐요
민족의 영산 백두산 반을
중국에 팔았는데

나중에 다시 사오면 되죠
독도는 우리 섬인데 일본이
자기들 것이라고 우기니
한방이라도 날릴까요
평화죠
평화롭게 해결합시다

우리 민족은 평화를 사랑하는 민족, 사람들입니다
아마도 신의 가호가 있을 것 같군요.
그러니 자기 자리에서 열심히 최선을 다하고
그리고 이 세상 놀러 나왔으니 실컷 놀고요
나라 잃은 옛 선조들의 비애를 우리 세대가
어떻게 알겠습니까
어쨌든 말입니다.
현재로서는 부국강병책이 딱 맞는 군요
그리고 서민들이 잘 살고
빈곤층도 밥 굶지 않고 보금자리 있게 해주면
저절로 나라는 부국강병이 된다는 것입니다

바람

바람이 맛있네요
어디서 왔는데
이렇게 맛있나요
고향으로 가는 걸까요

정처없이 떠도는 떠돌인가요
김삿갓 방랑시인이
말하기를
세상은 나그네의 길이라는 거죠

바람처럼 살다가
구름처럼 가는게 인생이네

바람을 느껴봐요

영혼적인 바람을
아름다울 테죠

그대의 바람은 무엇인가요
사랑의 바람인가요

바람은 바람
세상에 도는 바람
세계에 흐르는 바람

아버지의 가을

가을이 가나보다
아버지의 가을이
가을 하늘에
아버지의 얼굴이 그려지는구나
참 좋으신 분이었는데

어디에서 살아 계실 것 같기도 하고
착하게 사신 분이니깐
생활력도 강하시고

부전자전이 아닌가 보다
난 착하지도 않고 생활력도 없으니깐

푸른 하늘 가을의 마지막
조용한 아침이 시작되었고
담배 커피 우선하고
운동을 시작한다
추운 날씨구나

인생에 있어 중요한 것은

돈이 아니고 굶어 죽는 한이 있어도
어디서 무엇을 하느냐에 따라
인생의 가치가 새겨지며
잘 살고 싶으면 매일 매일 반성하고
그러다 보면 나중에는
거의 무념무상의 경이로운 상태까지 간다는 것이죠
시작함이 어떨까요

신밧드의 모험

나의 고향으로 갈까
희망도 꿈도 없는 지구별 떠나서
무슨 낙이 있어야 살지
담배만 피우고 맥주만 마시고
이게 무슨 인생이고 삶이더냐

신나고 재밌는 일 없더냐
마법의 향로 갖고
신밧드의 모험처럼
양탄자 타고 날아 볼까

인생 알다가도 모르겠네
사회가 너무 복잡하다
간단하게 단순하게 살 수는 없을까
그 옛날에는 이랬는데

과학문명이라는 것이
과연 좋은 것인지 아닌지 모르겠구나
문명의 대 전환 시기인데
따라가지 못하는 사람은

낙오자 패배자인가

은둔자만 생기는 것 아니냐.
지구별 이상하게 돌아가고 있구나.
그리고 담배 한 대 캔맥주 안하면 이 인생 무슨 재미로
사는가 험악한 현실 현재 인간세상에서

무제

님 만난다면
무엇을 말할까
사랑한다고
흔하잖냐
좋아 한다고
흔하잖냐
다 준다고 할까
흔하잖냐
무엇이든 다 해줄께
이것도 흔하잖냐

키스를 할까
무언의 키스를
포옹 한 번 하고
영원히 사랑한다고
흔하잖냐

어떡해 살아 왔냐고
물어 볼까

너무 아픈 질문 아닐까

우리 같이 영원히 평화롭게
행복하게 건강하게 삽시다

청바지

겨울에 뜨는 태양은
아름답네

가을 바람에 세월은 가고
낙엽이 지고 지고
하얀 겨울이 영혼을 물들일 때
인생은 가을 바람이어라

떠나가는 붉은 입술에
키스를 하고
영혼의 자유 날개짓하며
청바지가 女는 섹시하도다

하늘새가 휘황찬란하게
날개짓하며
세상을 자유롭게 겨울나라로

가을과 겨울 길목에서
분위기 노란빛인데
은행나무 한 그루

천년을 살고

산다는 것은 자유이다
사람만 자유를 누리면
만물평등 만사공평인데
하늘이 웃는다

해피

새벽 달밤
운동 마치니
서서히 날이 밝아 온다
이 느낌 너무 좋아

그리운 님 바람 타고
꽃씨 되어 마음 한 켠에
앉았는데

이슬의 영롱함이
더러워지면
세상은 끝이죠

이슬만 먹고 사는 생명체들이 있죠
얼마나 깨끗하고 순수한 생명체들인가요
하늘에서 내린 이슬
별보다도 예쁘고 달보다도 곱고

삶이 그대를 돕고
순수하게 산다면

우주 만물이 신기하고 신비한데
하늘 따라 가신 나의 님
천사가 되어 돌아 오시나요

꽃잎은 지고 낙엽도 지고
나무의 가지 가지에 영혼이 맺혔네요

별아 별아 소원이 있는데
우리 해피 건강하게 행복하게
살게 해 주렴

흰갈매기들

날이 밝아 오는데
어둠이 조금 남아 있구나
달 하나가 하늘에 있고
평화로운 아침이다

식사도 거른 채
기온차가 나는 요즘
앞산을 보니 산등성이 있고
그 너머 꽃밭이 지천으로 널려 있는데

바닷가의 갈매기들
보고 싶구나
수평선이 세상의 끝인가요
인생 사는게 한마디로 어렵죠

그래도
살아가야 하는게 삶 아닌가요
그렇다면
저 하늘에 빛이 비추면
또다른 하늘에 은총이 내려지고

가을 하늘가에 마음의 바람이 불면
천상의 천사는 두 날개로 날개짓하여
느낌의 느낌의 feel
사람은 무엇 때문에 사나요.

그 무엇의 생명체

대자연의 우주
수없이 많은 우주들
우리가 사는 우주는
별나라의 공간

다른 우주들의 모습은
상상이 안 가네요
꽃 한송이의 형태인가요

우주 하나 꺾어 꽃 한송이 꺾어
그대에게 바치오리까

수많은 공간들
그 속에 무한한 세상
끝이 없는 세계가 있어

태양계 그 밖의 별들
착하고 선하고 예쁘고 아름다운 생명체들
외계 생명체인가요
언젠가는 사람들과 조우하겠네

평화롭게 사랑하면서 자유롭게
건강하게 다들 살면
그 무엇의 생명체가 축복을 내린다네

지구별의 온갖 생명체들

지구별
물 나무 불 태양 존재하고 있는데
언젠가는 사라지겠죠
영원히 사는 생명체들
억겁의 억겁의 태초의 흐름속에
지금까지 존재해 있는데

몸은 솔직하다
느낌대로 사세요
느낌이 중요해요 feel

가을 바람에 춤추는 잎사귀들
햇빛에 젖어 반짝이고
우리 해피는 마냥 짖고
사랑을 짖는가

곧 올 겨울
눈 내리고 축복이 내리고
행복한 시간 계절
춥지만 그것도 낭만 아닌가

집에 가는 동안에
먼 우주로 향하고
U.F.O 모선 타고
우주 여행이나 할까

지구별의 온갖 생명체들
먹고 먹히는 약육강식 먹이사슬 없으면
아마도 고통 아픔 괴로움 모든 것들
사라질 것이라네

행복한 시간

세상에는 많고 많은 생명체들이
살고 있지만
끝없는 세계에서 온 생명체 한 마리가
무한한 에너지를 갖고
지구별을 찾았는데

성궤에서 나온
신성한 기운이 온 세상에 퍼지는데
끝이 없는 세계도

정말로 세계 세상이 지상낙원 극락세계 천국
파라다이스가 되는 것이더냐

가을의 아침은 이젠 겨울로 넘어가
행복한 시간이 될 것 같다
추워서

하늘가에 웃음짓는 우리 셋째 누나
한 번도 본적이 없지만
기적이 일어난다면
언젠가는 조우하겠네